e couverture : Brigitte Susini
mise en page : Atelier de l'Alphabet

aris 1981. ISBN 2-04-011472-6

Bernard Séménadisse
Directeur d'Ecole (CAEEA)

Création po

Illustration d
Maquette et

...ose — Imaginons

... sous nos yeux
... de la ville
...demande
... maison
...fermé
... nuit.

... nous dise
...érités
...demande
...entir
... caresses
...ons tout ça.

Suppose...
Que je n'aie rien à faire
Que d'attendre la nuit
Et que je te demande
De vouloir qu'elle arrive
Avec tout le retard
Que l'on peut mettre à vivre.

Eugène GUILLEVIC, Avec, *Gallimard éd.*

Préface

Ce manuel propose une pédagogie permettant de substituer à la triste séance de récitation une véritable invitation à la poésie.
Il va de soi qu'un texte appris par simple docilité et souvent à contrecœur ne crée pas de contact avec la poésie. L'enfant ne doit pas simplement écouter ou réciter des poèmes, c'est-à-dire subir, mais il doit aussi dire et écrire. Ainsi la récitation fera place à la poésie en tant qu'activité créatrice.
Les *Instructions officielles* du 16 juillet 1980, pour le cycle moyen, précisent : « La poésie doit être présente dans les activités d'écoute ou de lecture comme dans les activités de création orale ou écrite. »
Le manuel *Création poétique, CM* s'organise autour de ces deux types d'activité : imprégnation, diction (essentiellement à partir de poèmes contemporains) et exercices de créativité. Nous avons tenu à offrir à tous les élèves des techniques permettant à l'inspiration éventuelle de s'exprimer ou de prendre conscience d'elle-même. Ces techniques sont très précisément explicitées dans le *Guide pédagogique,* indissociable du manuel. Que ces activités d'écoute, d'imprégnation, de diction et de recherche créative deviennent pour les classes des moments privilégiés sous le signe du plaisir et de la beauté, tels sont les souhaits que se propose de réaliser ce manuel.

L'auteur

4

Assemblons librement...

Voici un poème dont les mots ont volontairement été mélangés :

UN ARBRE | SOUS | IL A PLU | L'EAU | LE VENT | QUI

LES | DES FEUILLES | DISPERSE | TREMBLE | VOLENT

LES VOLETS | BRUSQUEMENT | ET | COMME

CLAQUENT | SOUS | LE | DES FLAQUES | FAIT

L'AVERSE | A VERSE | IL PLEUT

Compose un poème en respectant les indications suivantes :

- il n'est pas nécessaire d'employer toutes les étiquettes ci-dessus ;
- il est possible de se servir plusieurs fois d'un même terme ;
- il est interdit d'employer des mots nouveaux (sauf des mots de liaison);
- il est permis de changer le nombre des noms et la personne des verbes.

5

Ça
Ça

La fo
Une fo
Avec u
Ça n'e

Une fo
Plein
Ça n'e

Une f
Parlar
Ça n'

R
C

8

Assembla

Voici des vers extraits
diverses œuvres poétiq

L'eau c'est différent
Quand nul ne la regard
A mesure que je vis
Elle a des yeux dans la
Briller comme pour vou
Nuit claire comme eau
Le temps qui passe
Et jamais ne s'arrête
Matin qui sent bon
Sur les montagnes russes
La nuit, c'est l'amour
Personne n'est venu
Une ombre descend
Je cours dans la nuit
J'attends j'attends
D'une rose sur la chauss
L'aiguille tourne et le te
Je chante pour passer le
Il fait un peu frais ce so
Mais qui voit ? Qui enter
Le lézard est tout en lar
Je voudrais être en argen
Qui n'était pas là
Écoute encore disait-elle
Un bonheur sans mélange
Il y a dans ma tête une
Deux escargots s'en vont
Il est encore trop petit
L'ombre m'apportera la n
Il faut bien vivre de l'air
Il y a mes yeux qui cherc
Les roseaux élevaient leur
Il y a toute la vie
Une vie qui joue de la mu
C'est le vent d'Est qui fai

9

Supp

Suppose...
Que s'ouvren
Tous les toits
Et que je te
De choisir la
Où, le toit re
Tu aimeras la

Suppose...
Que la chatte
Nos quatre v
Et que je te
De lui faire s
Avec bien des
Que nous sav

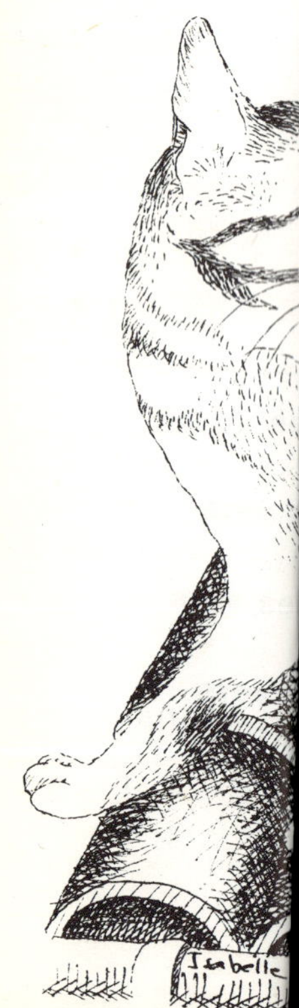

Imaginons
Le temps que met l'eau à couler de ta main
Le temps que met le coq à crier le soleil
Le temps que l'araignée dévore un peu la mouche
Le temps que la rafale arrache quelques tuiles
Le temps de ramener près de moi tes genoux
Le temps pour nos regards de se dire d'amour.

Imaginons ce qu'on fera de tout ce temps.

Ibid.

Lis ces poèmes.

1. Dans les trois premières strophes :

- observe le premier et le quatrième vers. Que constates-tu ?
- combien de vers y a-t-il après le quatrième vers ?
- par quel mot commence toujours le cinquième vers ?

2. Dans le poème *Imaginons :*

- par quel mot commencent le premier et le dernier vers ?
- par quel mot commencent tous les autres vers ?
- par quel mot se termine le dernier vers ?

3. En respectant bien les indications données, à ton tour de créer un poème qui commence par : *Suppose, Imagine* ou *Imaginons.*

10
Charge poétique du langage

« Le pélican », Robert DESNOS

1. Par quel son se termine chacun des vers de ce poème ?

2. Pour chacun des vers, compte combien de fois on retrouve l'un des sons : [ã], [ɛ̃], [ɔ̃].

3. Combien de syllabes comptes-tu dans chacun des douze premiers vers ?

4. Combien de syllabes comptes-tu dans chacun des deux derniers vers ?

5. A l'aide des remarques précédentes et du schéma indiqué au tableau, reconstitue le poème.

9

ai appelé... J'ai vu...

i appelé... J'ai vu...

appelé le terrassier
narchait à cloche-pied
appelé le moissonneur
urait comme un voleur
appelé le cordonnier
tait tous ses souliers
s je m'en suis allée
vu des hannetons
nnant en rond
vu des limaces
e la grimace
vu une libellule
crédule
me penchant encore
vu un chou-fleur
cher l'heure
vu un artichaut
rêvait d'être au chaud
nin faisant
vu un lampadaire
Le nez en l'air
J'ai vu un vélo
Près de l'eau
J'ai vu un canard
En retard
J'ai vu un lapin
Jouer au crincrin
Puis j'ai vu des gens
Mécontents
Car ils ne voyaient rien.

Huguette AMUNDSEN, (inédit),
Poésie *nº 28/29 « L'enfant et la poésie »,*
tous droits réservés.

e poème.

Écris sur ton cahier
ais des noms de
rs, des noms
maux, des noms de
nes ou de fruits, et
noms d'objets que tu
rencontrer lorsque
promènes.

A l'aide du schéma
ué au tableau,
lète le poème.

11

Au menu : un poème...

Foie de tortue verte truffé
Langouste à la mexicaine
Faisan de la Floride
Iguane sauce caraïbe
Gombos et choux palmistes

Saumon du Rio Rouge
Jambon d'ours canadien
Roast-beef des prairies du Minnesota
Anguilles fumées
Tomates de San Francisco
Pale-ale et vins de Californie

Ailerons de requin confits dans la saumure
Vin de riz aux violettes
Crème de cocon de ver à soie
Vers de terre salés et alcool de Kawa
Confiture d'algues marines

Soupe à la tortue
Huîtres frites
Pattes d'ours truffées
Langouste à la javanaise

Blaise CENDRARS, Documentaires,
Denoël éd.

Lis ce poème.

1. Qu'en penses-tu ?

2. Compose, toi aussi, un menu drôle et amusant.

18
A partir d'un mot bizarre et peu connu...

La Bosnie Herzégovine : voilà un nom bizarre... Lis le poème que des élèves ont conçu à partir de ce mot.

La Bosnie Herzégovine

qui est-elle ?
certains disent une sorcière
d'autres une fée un ange une mariée
elle a de longs cheveux de deux mètres
de long elle est mince brune maquillée
elle est vêtue d'une longue robe légère
transparente bordée d'or avec des plumes
d'oiseau aux souliers un voile blanc
flotte sur ses cheveux
elle glisse pieds nus sur les rivières
ses boucles d'oreilles tintent
ses longs ongles vernis étincellent
elle a l'air rusée
ses grands cheveux ondulent
ses chaussures volantes l'emportent
quelquefois on l'a vue en robe bleue et
blanche sous un chapeau doré
avec de hauts talons un collier de vipères
ses mains fines sortant de grandes manches
Plus tard à grands pas elle passait
en jupe noire dans ses chaussures de cuir
courbée dans sa veste blanche le nez pointu
et les cheveux courts
ou en pantalons noirs elle dressait ses
pattes de poule, elle marchait tordue
de longues dents de plastique dépassaient
de sa bouche
ses yeux de crapaud lui sortaient de la tête
son grand nez portait de petites lunettes
rondes, un bouton l'allongeait
sa tête ovale puis triangle changeait
sans cesse de forme
elle s'étirait prenait une grande
bouche effrayante grossissait
s'habillait de peaux de lapins
se chaussait de velours
prenait des dents de loup
puis guettait, elle perdait ses bracelets
et ses bagues
il lui poussait des pattes de crocodile
de grandes oreilles de chat
elle voyait double
elle marchait de travers, ses chaussures
prenaient des cornes puis devenaient dures
comme des cailloux avec les crans
ses chaussures de plus en plus lourdes
l'entraînaient elles avaient un moteur
et une cheminée

Classe de La Neuville devant Lépanges, A.D.A.C.S., Bibliothèque pédagogique. 88400 – Xonrupt.

ongue infiniment,
rnant novembre,
nfiniment,

t se démembre,
ds battant les bourgs,

de novembre.

Aux puits des fermes,
Les seaux de fer et les poulies
Grincent.
Aux citernes des fermes,
Les seaux et les poulies
Grincent et crient
Toute la mort dans leurs
mélancolies.
[...]
Le vent sauvage de novembre,
Le vent,
L'avez-vous rencontré le vent,
Au carrefour des trois cents routes ;
L'avez-vous rencontré le vent ;
Celui des pleurs et des déroutes ;
L'avez-vous vu cette nuit-là
Quand il jeta la lune à bas,
Et que, n'en pouvant plus,
Tous les villages vermoulus
Criaient comme des bêtes
Sous la tempête ?

Sur la bruyère infiniment.
Voici le vent hurlant,
Voici le vent cornant novembre.

Emile VERHAEREN, Les villages illusoires,
Mercure de France éd.

et cette
moins un
Lequel ?

20
Comparer deux poèmes

Le mie prigioni
Je suis, depuis une semaine,
Dans un cachot,
Et je m'aperçois avec peine
Qu'il fait très chaud.

C'est une belle perspective
De grand matin,
Que des gens qui font la lessive
Dans le lointain.

Pour se distraire, si l'on bâille,
On aperçoit
D'abord une longue muraille,
Puis un long toit.

Que veut donc dire cette larme
Qui tombe ainsi,
Et coule de mes yeux, sans charme
Et sans souci ?...

Alfred de MUSSET, Poésies nouvelles.

Le ciel est, par-dessus le toit...
Le ciel est, par-dessus le toit
Si bleu, si calme !
Un arbre, par-dessus le toit,
Berce sa palme.

La cloche, dans le ciel qu'on voit,
Doucement tinte.
Un oiseau sur l'arbre qu'on voit
Chante sa plainte.

Mon Dieu, mon Dieu, la vie est là,
Simple et tranquille.
Cette paisible rumeur-là
Vient de la ville.

– Qu'as-tu fait, ô toi que voilà
Pleurant sans cesse,
Dis, qu'as-tu fait, toi que voilà,
De ta jeunesse ?

VERLAINE, Sagesse.

Lis ces deux poèmes.

1. Quel est le thème de ces deux poèmes ?

2. Quel est le sentiment dominant ou l'impression générale chez les deux poètes ?

3. Si tu devais illustrer chacune de ces deux poésies, emploierais-tu les mêmes couleurs ?

- Quels seraient les tons dominants pour *Le mie prigioni ?*
- Quels sont les mots employés dans le poème qui justifient ton choix ?
- Quels seraient les tons dominants pour *Le ciel est par-dessus le toit ?*
- Quels sont les mots employés dans le poèm
qui justifient ton choi

Être ange

Être ange
c'est étrang
dit l'ange
Être âne
c'est étrâne
dit l'âne
Cela ne ve
dit l'ange
Pourtant
si étrange
étrâne est
dit l'âne
Étrange es
dit l'ange
Étranger
dit l'âne
Et il s'env

Lis ces quatre poèmes.

1. Dans tes livres personnels ou dans ceux de la classe, recherche d'autres poésies écrites par Jacques Prévert. Effectue un choix et retiens un *seul* poème.

2. Parmi les cinq poésies de Jacque Prévert (les quatre présentées dans l et celle que tu as retenue), recopie s cahier le poème q préférerais appren dire devant tes camarades, puis i le.

26
Autref

Autrefois, j'aim
Et maintenant
Autrefois, je cr
Mais maintenan

SOPHIE

Autrefois, j'étai
Maintenant je s
Et comme tout
Un jour, je me

MARC

Lis le poème de
puis celui de M
A la manière de
et de Marc, à to
de créer une po

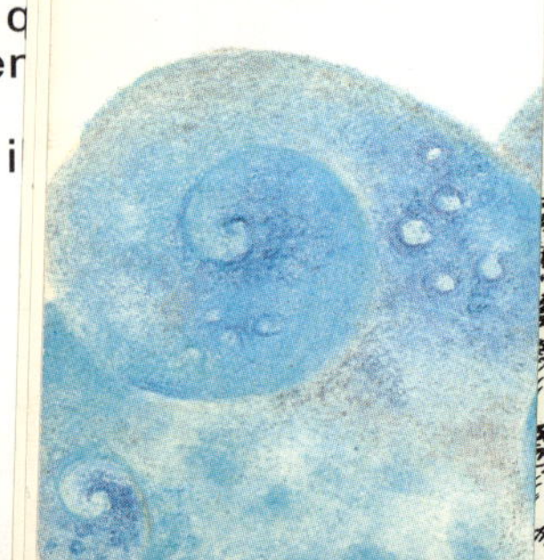

DE LA POÉSIE À LA CHANSON

Le petit cheval

Le p'tit ch'val
dans le mauvais temps
Qu'il avait donc du courage !
C'était un petit cheval blanc
Tous derrière, tous derrière
C'était un petit cheval blanc
Tous derrière et lui devant !

Il n'y avait jamais d'beau temps
Dans ce pauvre paysage !
Il n'y avait jamais d'printemps
Ni derrière, ni derrière,
Il n'y avait jamais d'printemps
Ni derrière ni devant !

Lis ce poème.

1. Quel chanteur connu a mis ce poème en musique ?

2. Préfères-tu dire ce poème ou le chanter ?

T CHA
ays

Le vent

Sur la bruyè
Voici le ven
Sur la bruyè
Voici le ven
Qui se déchi
En souffles
Voici le vent
Le vent sauv

Cette chanson
poésie ont au
point commun

28
Jouons avec les prénoms

Dimanche
Charlotte
Fait de la compote.

Bertrand
Suce des harengs

Cunégonde
Se teint en blonde.

Epaminondas
Cire ses godasses.

Thérèse
Souffle sur la braise

Léon
Peint des potirons.

Brigitte
S'agite, s'agite.

Adhémar
Dit qu'il en a marre.

La pendule
Fabrique des virgules.

Et moi dans tout cha ?
Et moi dans tout cha ?

Moi ze ne bouze pas
Sur la langue z'ai un chat.

René de OBALDIA, Innocentines,
Grasset éd.

Litanie des écoliers

Saint Anatole,
Que légers soient les jours d'école !

Saint Amalfait,
Ah ! Que nos devoirs soient bien faits !

Sainte Cordule,
N'oubliez ni point ni virgule.

Saint Nicodème,
Donnez-nous la clef des problèmes.

Sainte Tirelire,
Que Grammaire nous fasse rire !

Saint Siméon,
Allongez les récréations !

Saint Espongien,
Effacez tous les mauvais points.

Sainte Clémence,
Que viennent vite les vacances !

Sainte Marie,
Faites qu'elles soient infinies !

Maurice CARÊME, in Pigeon vole, *1958, Bourrelier et Colin éd.. Reproduit avec l'aimable autorisation de la Fondation Maurice Carême.*

On se noie
  Benoît ?

On se gare
  Edgar ?

On sourit
  Henri ?

On s'étonne
  Antoine ?
Si les mots ne riment plus
C'est que vous avez trop bu.

Luc BÉRIMONT, Comptine pour les enfants d'ici et les canards sauvages, *éd. Saint-Germain-des-Prés.*

53

Lis ces poésies.

1. Qu'est-ce que ces trois poèmes ont de commun ?

2. *Dimanche*
a) Dans le premier poème, par quoi commence le premier vers des huit premières strophes ?
b) Quelle remarque peux-tu faire en ce qui concerne la sonorité de la fin de chaque vers de chaque strophe ?
c) Que présente de particulier la neuvième strophe par rapport aux précédentes ?
d) Que penses-tu des deux dernières strophes ?

3. *Litanie des écoliers*
a) Recherche le mot *litanie* dans le dictionnaire.
b) De quel adjectif, chaque prénom est-il précédé ?
c) Que présente de particulier certains prénoms ?
d) La réponse 2b est-elle valable pour le poème de Maurice Carême ?

4. *On se noie...*
a) Sur quel ton doivent se dire les quatre premières strophes du poème de Luc Bérimont ?
b) Pour chacune de ces strophes, par quoi commence le deuxième vers ?
c) Quelle différence y-a-t-il par rapport aux deux poèmes précédents ?
d) Les réponses 2b et 3d peuvent-elles s'appliquer à ce poème ?

5. A la manière de René de Obaldia ou de Maurice Carême ou de Luc Bérimont, à ton tour de créer un poème où il sera question de prénoms...

29
Le poème découpage

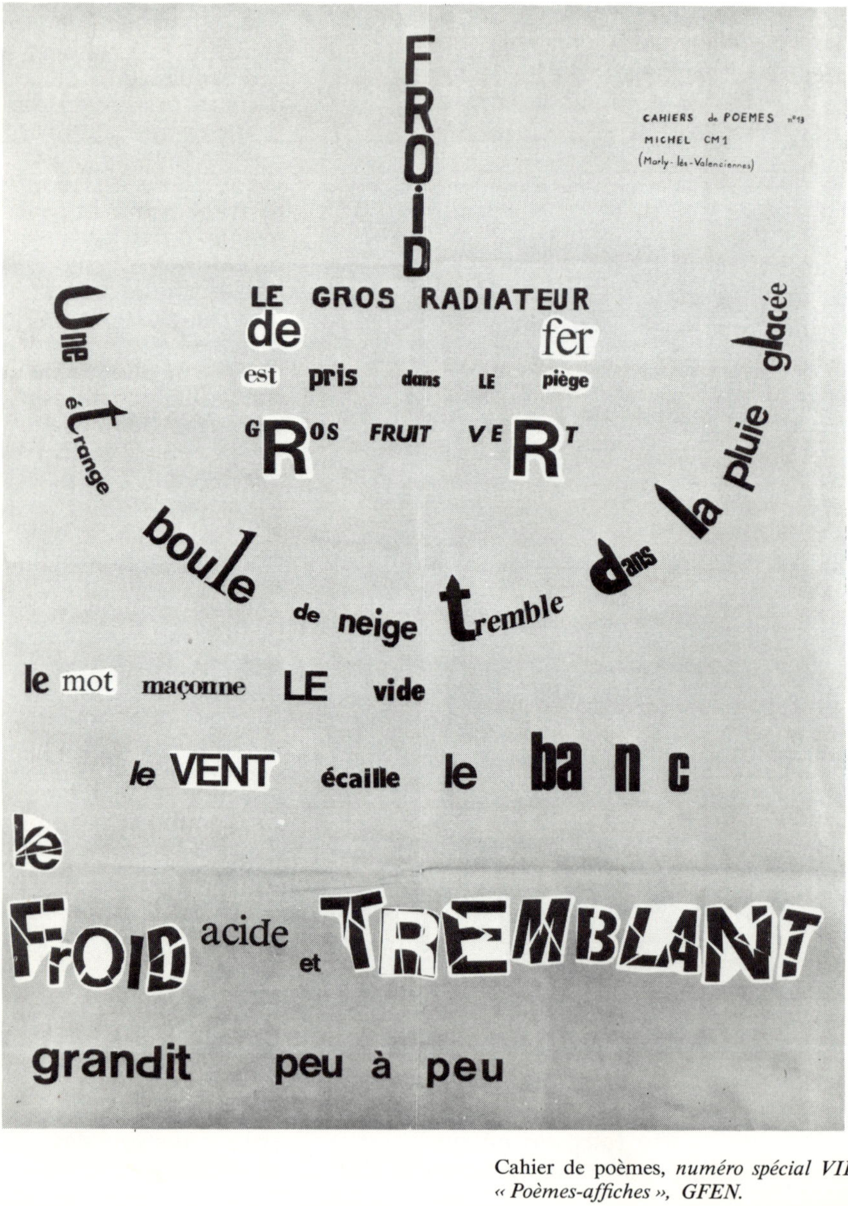

Cahier de poèmes, *numéro spécial VIII, « Poèmes-affiches », GFEN.*

Breteuil : 4 heures d'angoisse

un petit pois français

de l' EXPO

de BOULOGNE-SUR-MER

menaçait

de se jeter du HAUT

d'un piéton sexagénaire

Jacques CHARPENTREAU,
Le mystère en fleur,
Les éditions ouvrières.

1. À l'aide de quels éléments ces poèmes ont-ils été composés ?

2. À ton tour de constituer, de cette manière, une poésie.

30
Mon petit doigt m'a dit...

Mon petit doigt m'a raconté
La couleur de l'amour.
Il est rose, les jours moroses
Il est vert, les matins d'hiver
Il est blanc, les soirs de printemps
Il est de toutes les couleurs
Quand le bonheur habite nos cœurs.

FLORENCE

Savez-vous ce que m'a dit
Mon petit doigt ?
Hier soir, il m'a dit
Qu'il savait
Où habitaient
Les petits hommes verts
Avec trois dents
Et deux antennes.

MARC

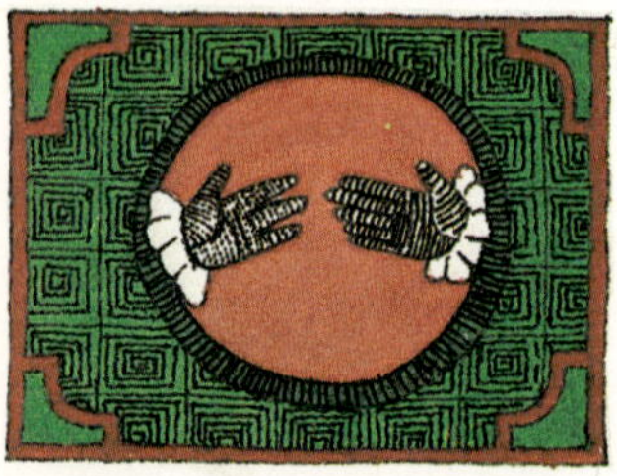

Sais-tu ce que mon petit doigt
Voudrait faire ?
Il voudrait être une abeille
Pour manger le miel
Et piquer les méchants enfants
Qui font du mal à leurs parents.

CATHERINE

Mon petit doigt m'a raconté :
Loin d'ici, dans un autre quartier
Il y a un jardin enchanté
Rempli de magnifiques fleurs.
Dans chacune habite une fée,
Une fée aussi belle que l'été,
Pas plus grosse qu'une plume.
Si je trouve ce jardin enchanté,
Je ramènerai la plus belle des fées.

CORINNE

Mon petit doigt m'a dit :
Je voudrais aller au bal.
Je l'ai habillé, maquillé
Et il est parti.
Le lendemain matin
Je n'avais plus que quatre doigts
À ma main...
Ma petite sœur en avait six !
Il était parti...
Rejoindre sa fiancée.

CLAIRE

Mon petit doigt m'a dit
Que je n'aurai
Jamais de soucis
Dans la vie,
Que je voyagerai
Dans tous les pays.
Qu'un jour,
Je rentrerai à la ville
Et que j'habiterai
Une maison
Entourée de grandes haies
Où, doucement
Je vieillirai.

ANNE

Lis ces poèmes écrits par des enfants de ton âge.

À ton tour de créer un poème, en respectant bien les consignes que l'on t'a données.

31
Prose poétique

Il a gelé blanc ; les dahlias sont fripés comme après une nuit de bal. Les tomates éclatent et, de leurs gerçures, le jus coule ; les fanes des pommes de terre semblent cuites ; mais l'oseille bien repassée résiste, avec la fine barbe frisée des carottes et les longues oreilles douces de la betterave.

Jules RENARD, Nos frères farouches,
Gallimard éd.

Ma vie est monotone. Je chasse les poules, les hommes me chassent. Toutes les poules se ressemblent et tous les hommes se ressemblent. Je m'ennuie donc un peu. Mais, si tu m'apprivoises, ma vie sera comme ensoleillée. Je connaîtrai un bruit de pas qui sera différent de tous les autres. Les autres pas me font rentrer sous terre. Le tien m'appellera hors du terrier, comme une musique.

Antoine DE SAINT-EXUPÉRY, Le Petit Prince,
Gallimard éd.

[...] Feu ! te voici revenu, plus beau que mon souvenir, plus cuisant et plus proche que le soleil ! Feu ! que tu es splendide ! [...] Je m'engourdis. Mon ronron s'éteint avec ton crépitement. Je te vois encore et je vois déjà mes rêves. Le bruit soyeux de la pluie caresse les vitres et la gorge de la gouttière sanglote comme un pigeon [...].

COLETTE, Douze dialogues de bêtes,
Albin Michel éd.

L'âne Culotte

[...] C'était bien l'âne le plus singulier qu'on pût rencontrer [...] un âne discret, un âne un peu sur le retour, peut-être, le poil gris, bien brossé, un âne à l'oreille nonchalante, un âne à l'œil modeste ; un âne à la démarche mesurée, un âne sans insolence ni bassesse ; un âne qui se savait âne et ne rougissait point de l'être, mais qui l'était bien ; qui savait marcher, s'arrêter, repartir, tourner, boire, brouter, regarder, écouter, obéir, tout comme un âne... un âne affectueux, sensible aux bonnes manières, poli dans ses contacts avec les ânes... un âne doué d'âme, bon aux faibles, honorant ses dieux ; un âne qui pouvait passer partout la tête haute, car il était honnête, un âne qui, s'il y avait une justice parmi les ânes, eût été la gloire de sa race.

Henri BOSCO, L'âne Culotte,
Gallimard éd.

Lis ces textes poétiques.

1. Quelle particularité présentent ces textes par rapport aux poèmes que tu as vus jusqu'à maintenant ?

2. Recopie, sur ton cahier de poésies, un passage en prose qui te plaît bien et illustre-le.

32
Poèmes en liberté

Voici quelques poésies
écrites par des enfants
de ton âge :

Guiliguili

Guiliguili est une perdrix.
Un jour, sa maman
lui dit :
Guiliguili, viens ici,
Le dîner est servi :
Au menu il y a du rôti
et de la charcuterie.
Après, sans un cri
Guiliguili
Va au lit ;
Et comme il est poli
Il souhaite bonne nuit
À tous les petits.

FRANCK

Malade !

Oh ! non ! je suis malade !
On me met de la pommade
Je dois prendre des médicaments
Les infirmiers me font des prises de sang
Il faut que j'avale des comprimés
Et tous les soirs, un cachet !
Après une semaine
Après beaucoup de peines
Enfin je suis guérie.
Les médicaments sont finis.
Je retrouve le sourire,
Je retrouve le fou rire,
Partie la maladie,
Et mon poème est fini.

EVELYNE

L'oiseau

Dans la plaine immense et sans bruit
Je reste là, derrière un arbre ;
Sous mes yeux soudain vole
Un petit oiseau vert

Je le vois qui se faufile
Il vole et tourne dans le ciel
Il rencontre une étoile bleu de nuit
Et la salue à son passage.

C'est une nuit extraordinaire
Les buissons dansent sous la lune
Au loin des lampes brillent dans les rues
Mais je reste là, blottie contre mon
Arbre.

VÉRONIQUE

La femme solitaire

La femme pleure :
Elle compte les heures
Qu'elle est seule !
Avec bon cœur,
Elle pense à sa sœur,
Soudain elle s'éveille avec pâleur.
De la fraîcheur,
Son visage passe à la chaleur.
La femme pleure,
Elle compte les heures
Et meurt.

MARTINE

Le tour de France

Paris-Le Mans
On me fait une prise de sang.
Le Mans-Nantes
On me donne un verre de menthe.
Nantes-La Rochelle
On m'attache avec une ficelle.
La Rochelle-Bordeaux
On me pousse à l'eau.
Bordeaux-Toulouse
On me fait asseoir sur la pelouse,
Toulouse-Perpignan
On me fait passer le temps
Perpignan-Marseille
On me fait rentrer dans une bouteille !
Et je pars à Amiens
Après avoir mené une vie de chien.

DIDIER

63

Sur une feuille séparée, ou sur ton cahier de poésie, à ton tour de créer un poème puis de l'illustrer.

Table des matières

Titres non soulignés : dominante création
Titres soulignés : dominante imprégnation

Achevé d'imprimer sur les presses de Maury-Imprimeur S.A.
45330 Malesherbes
N° d'imprimeur : D 83/13152 – Dépôt légal : 1er trimestre 1981 – Juin 1983